Cose Difficili Che Facciamo

LABIRINTI PER ADULTI

ActivityCrusades

Copyright © 2017 by ActivityCrusades
Tutti i diritti riservati.

Tutti i diritti riservati. Nessuna parte di questo testo può essere riprodotta o utilizzata in qualsiasi modo o forma o mediante qualsiasi mezzo elettronico o meccanico. Ciò significa che non è possibile registrare o fotocopiare alcuna idea o suggerimento contenuti in questo testo.

Pubblicato da Speedy Publishing Canada Limited

3

6

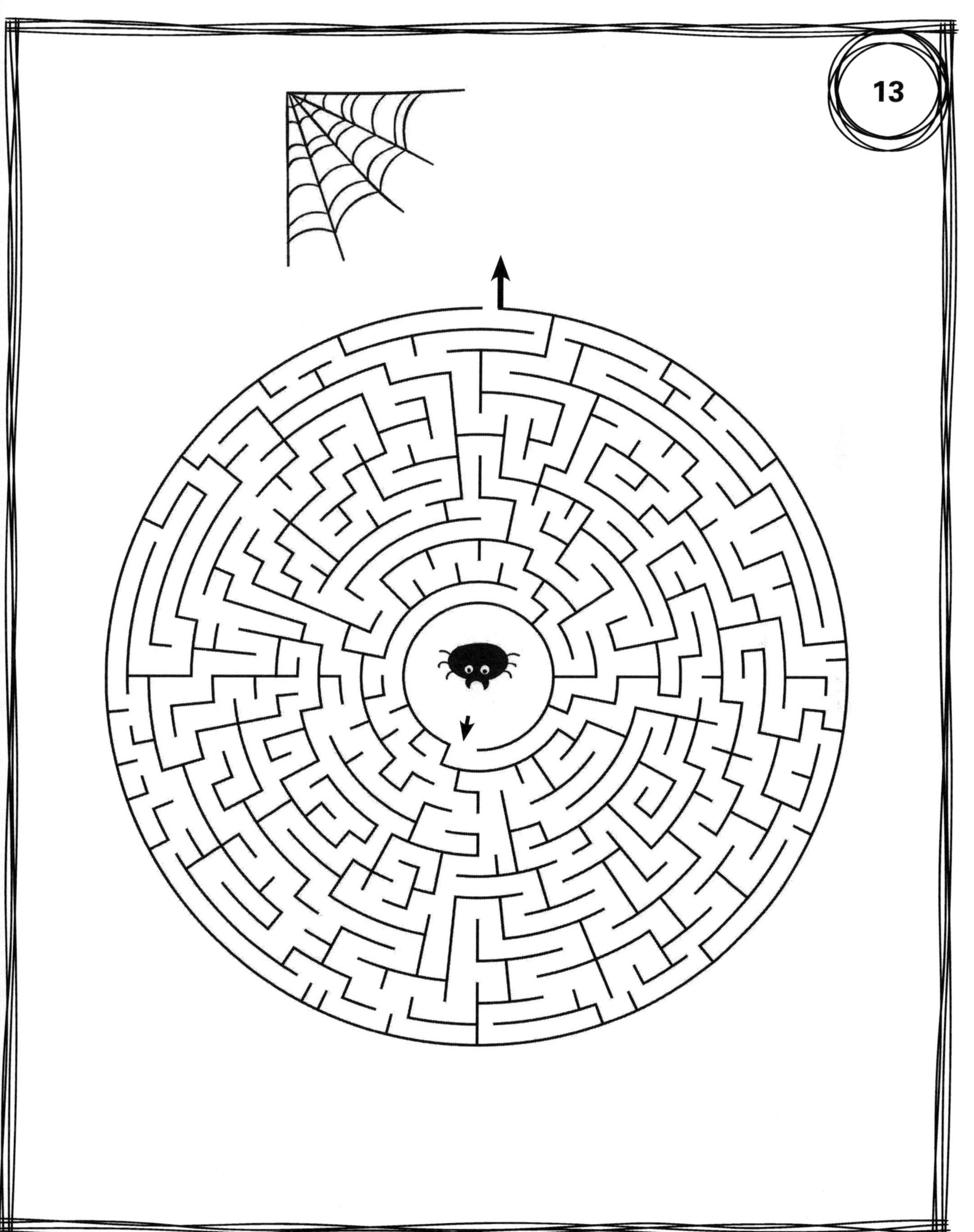

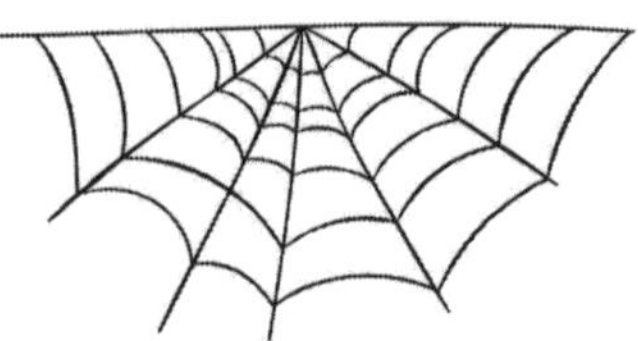

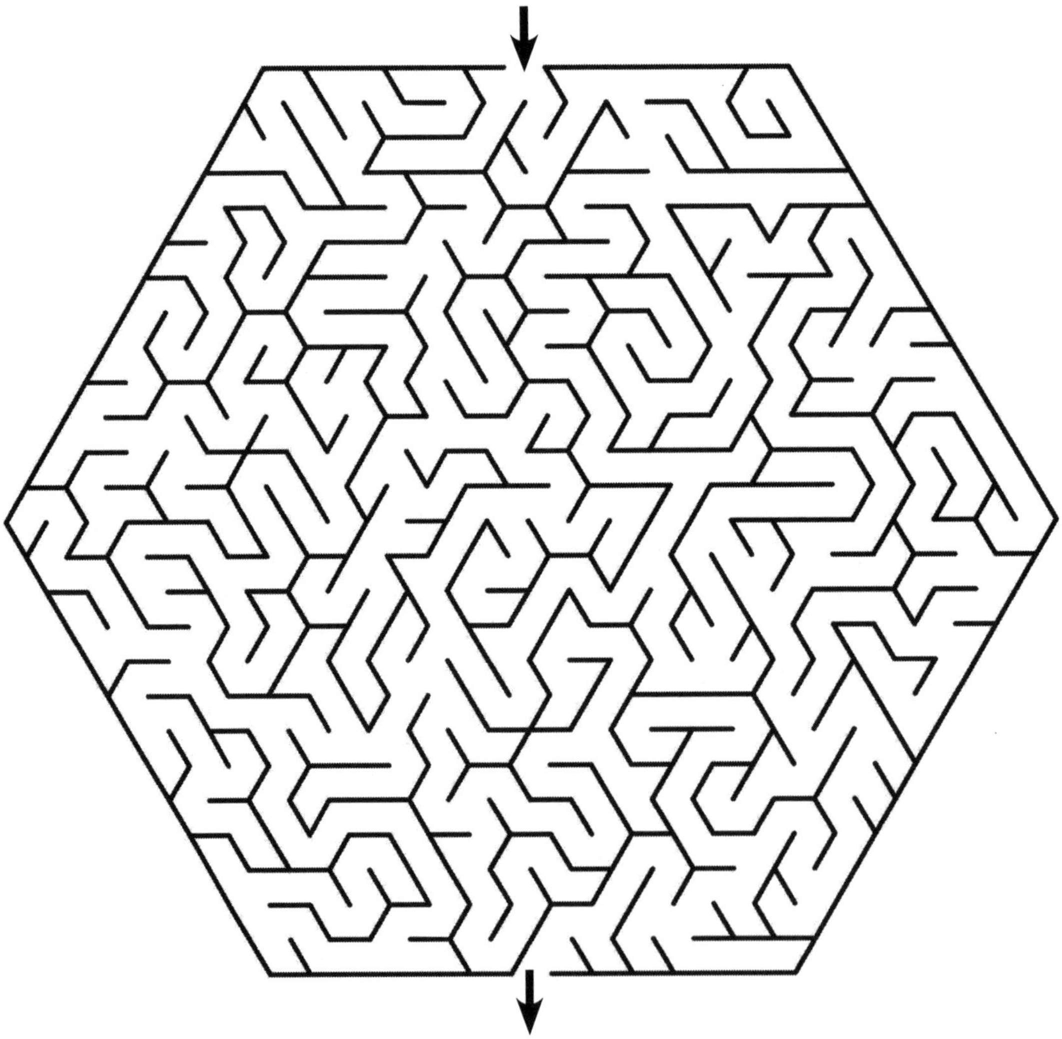

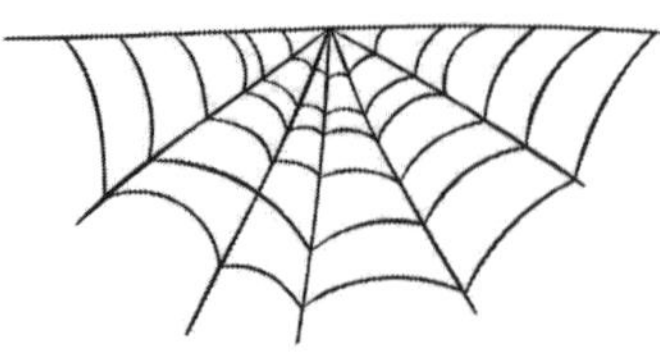

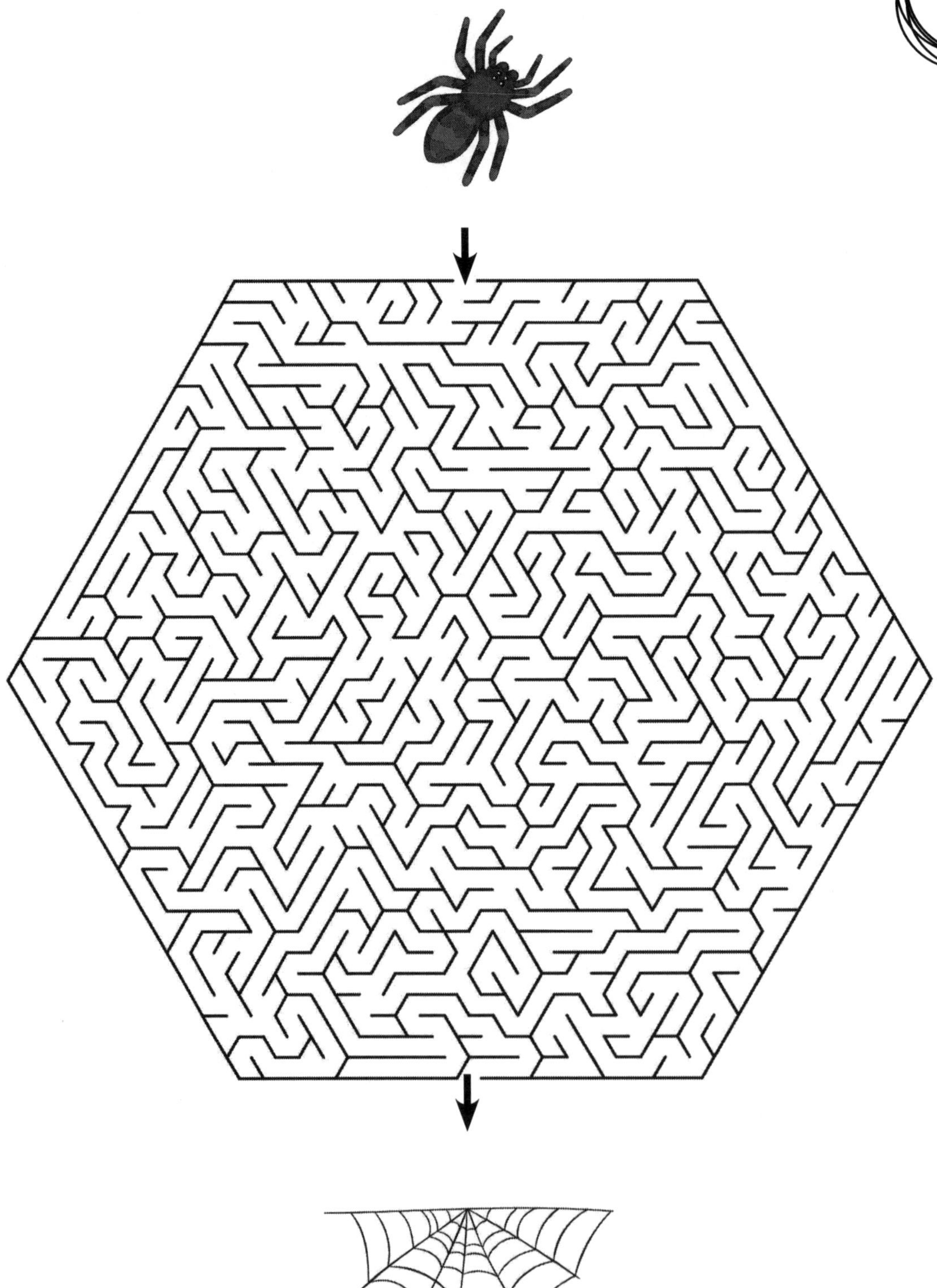

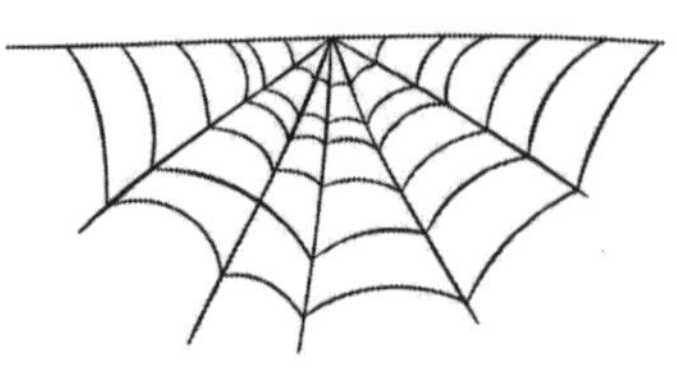

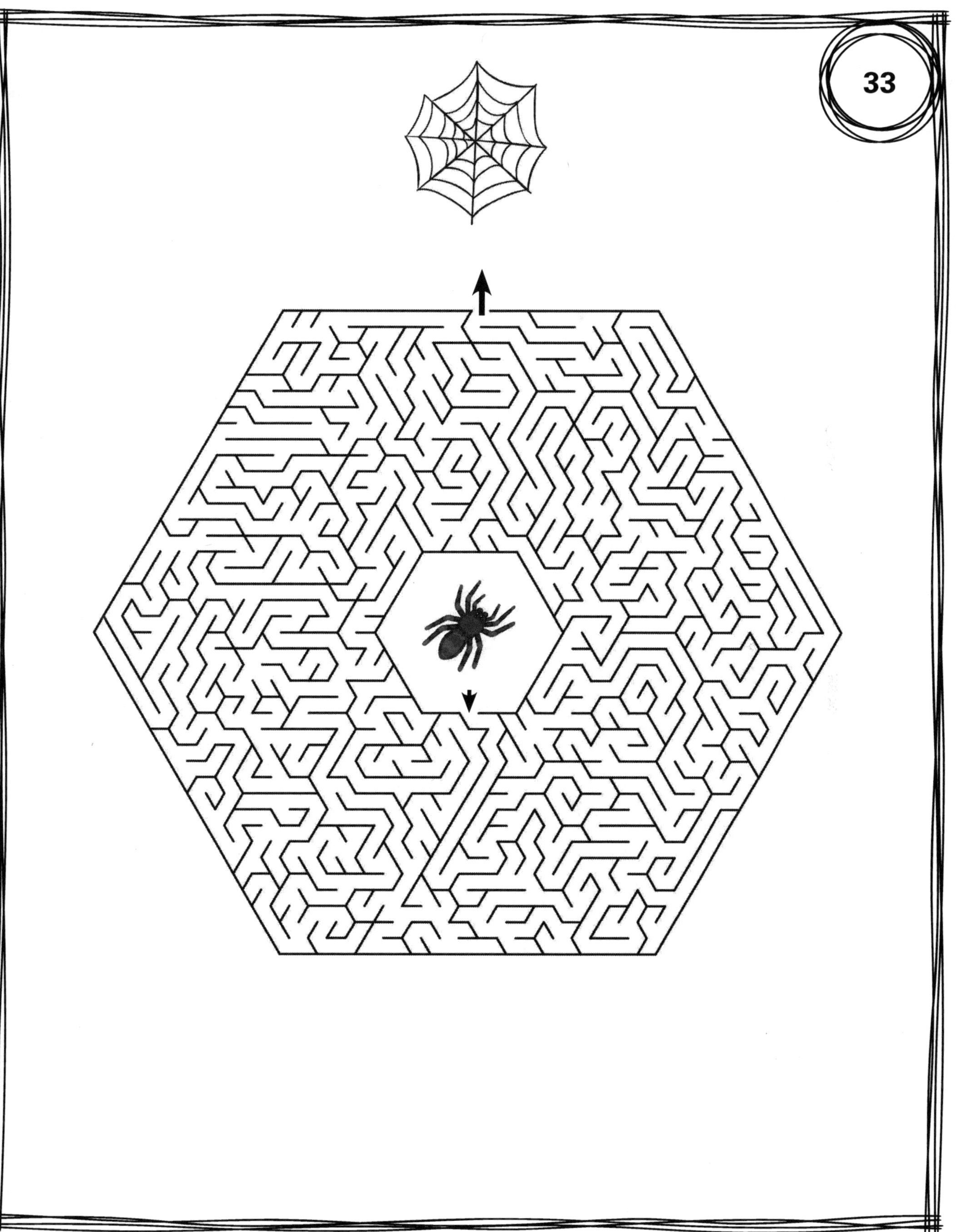

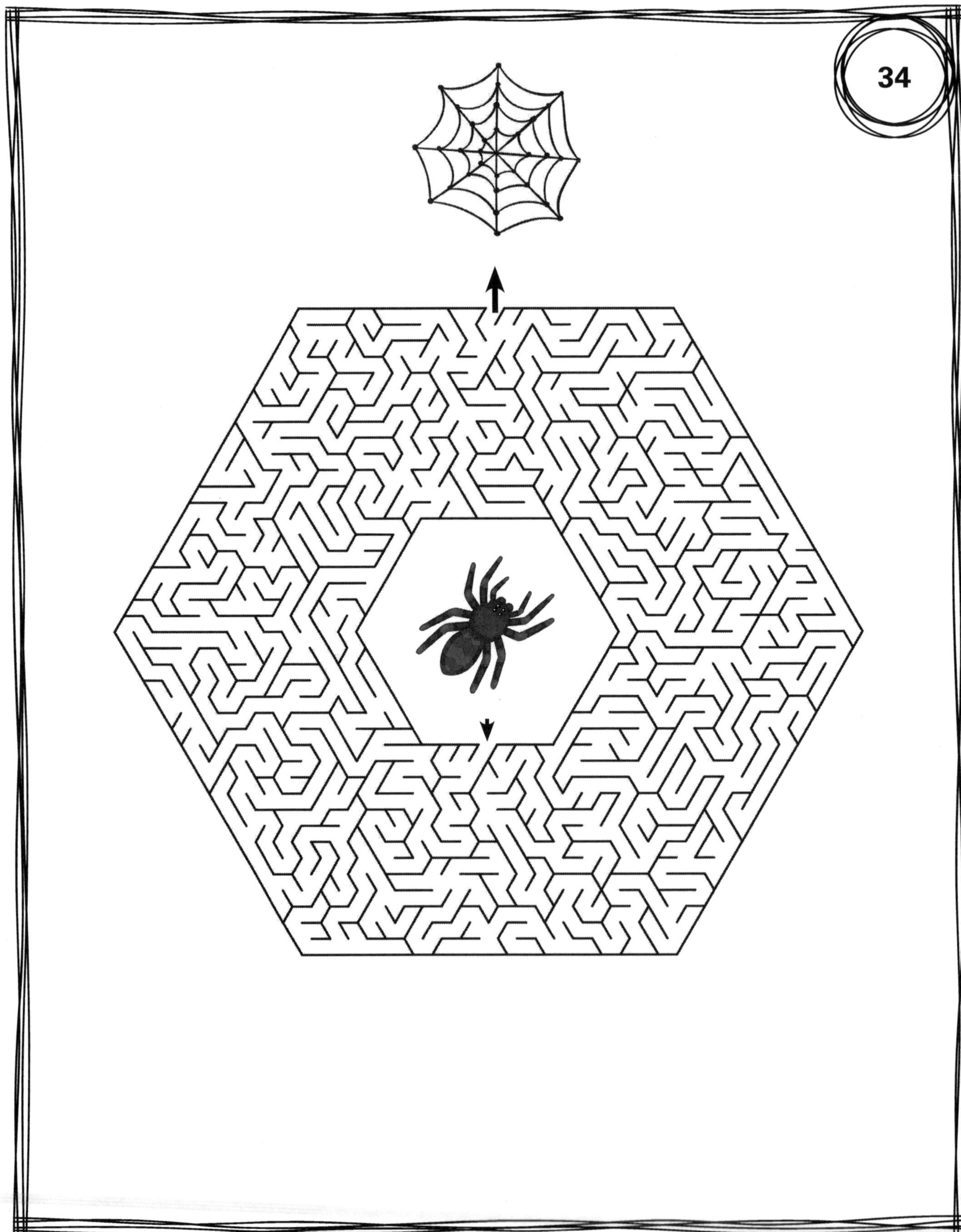

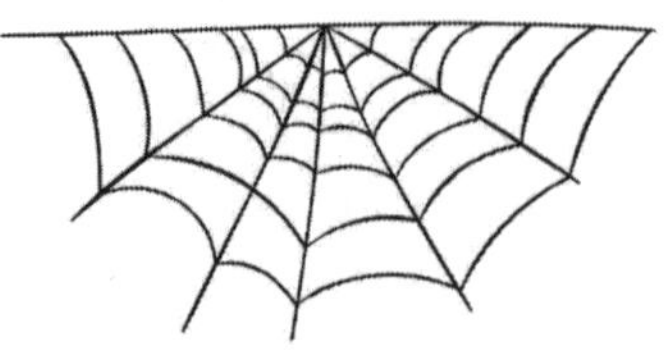

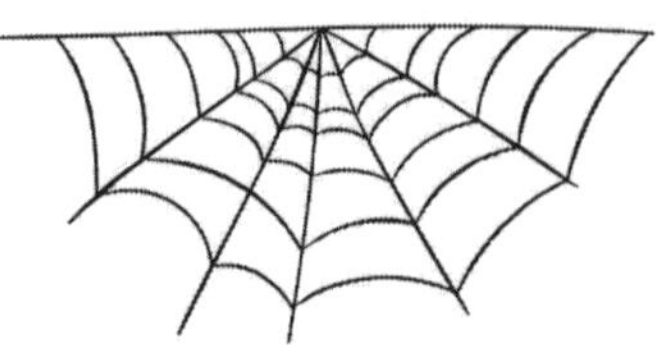

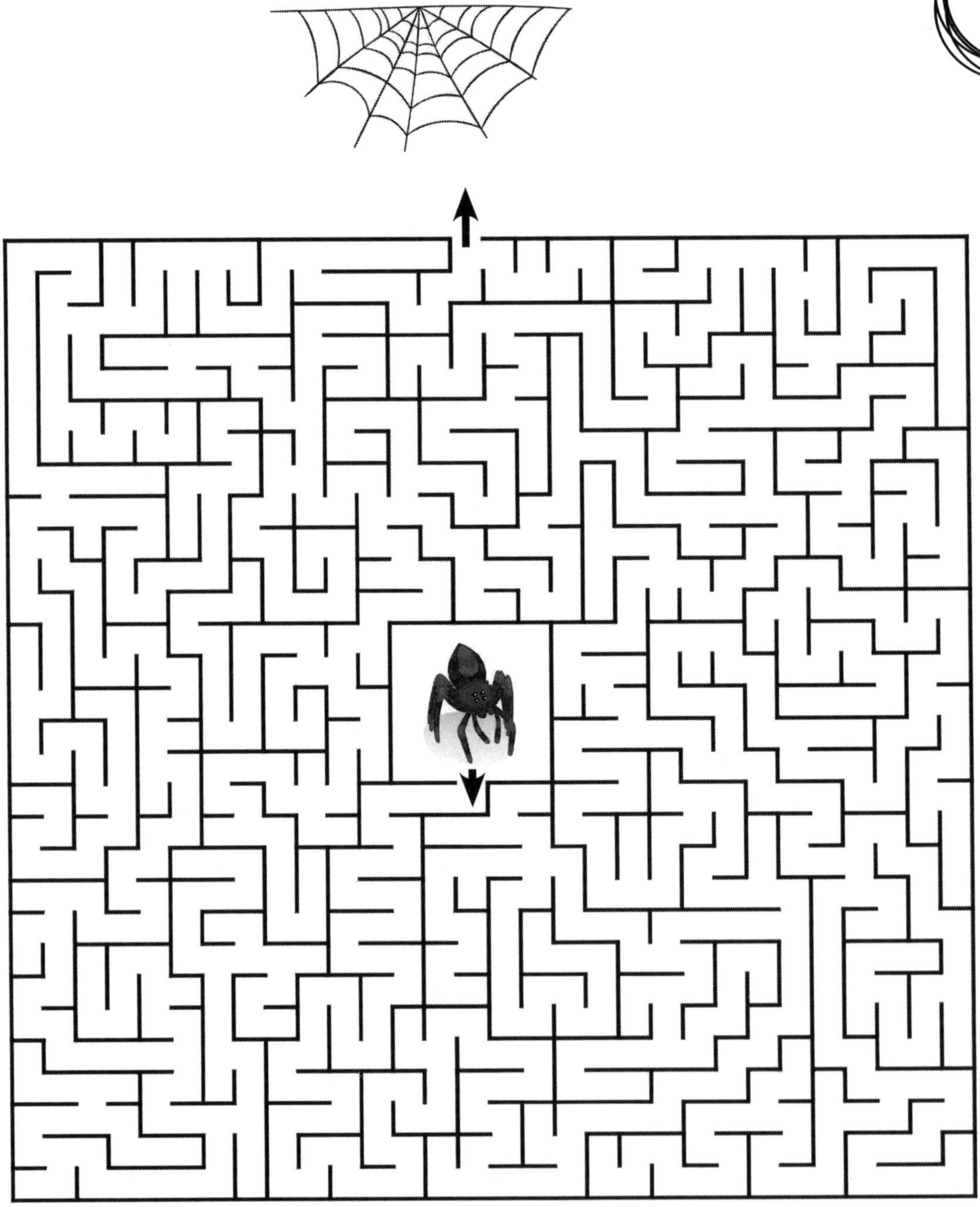

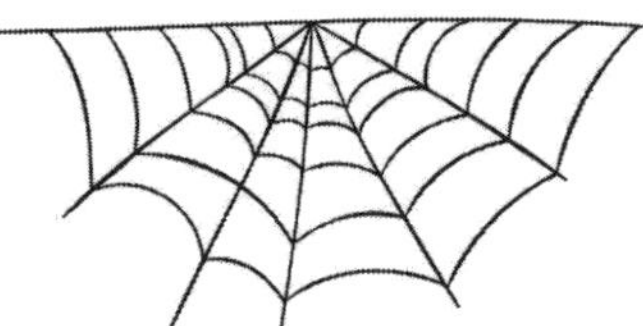

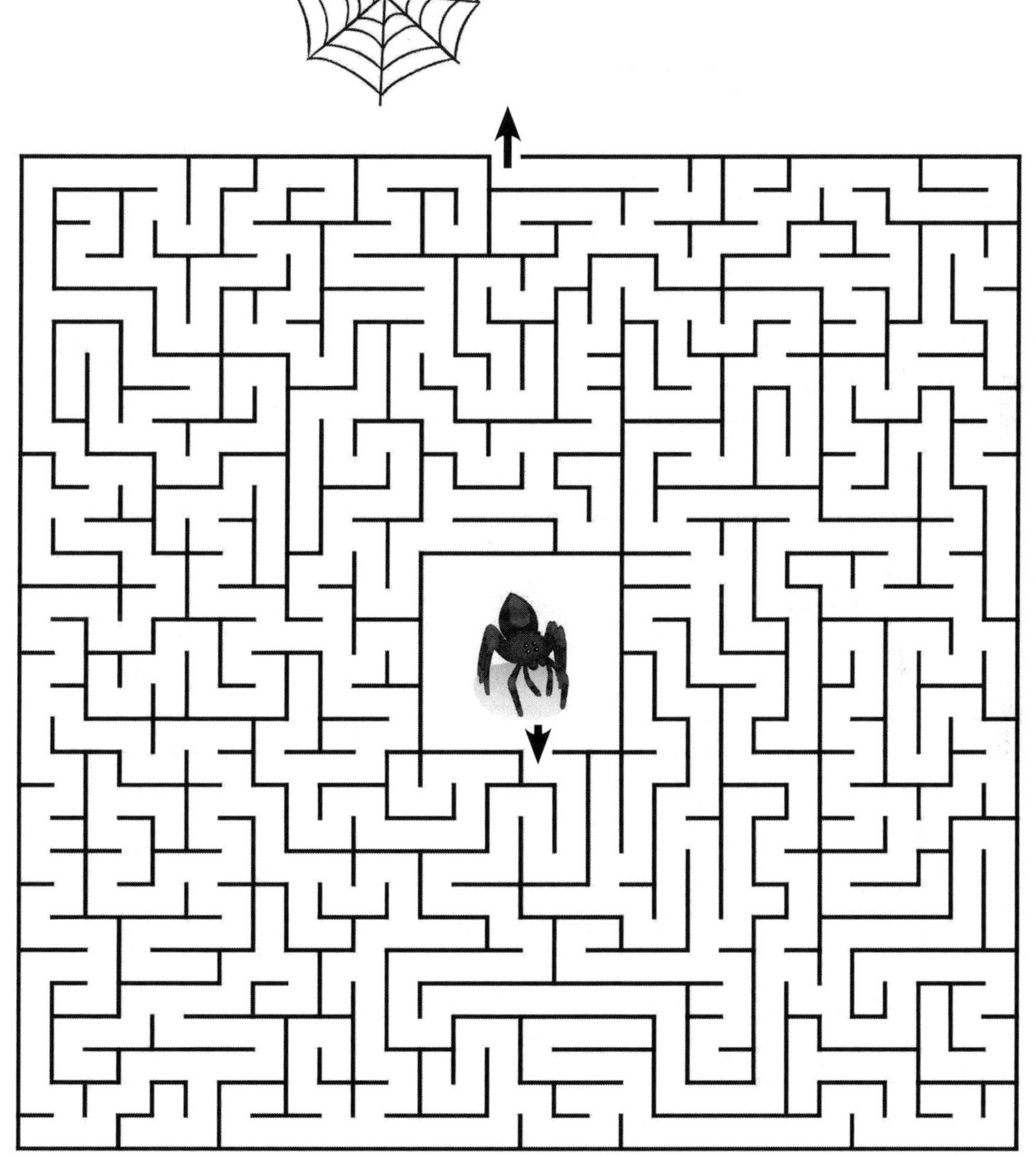

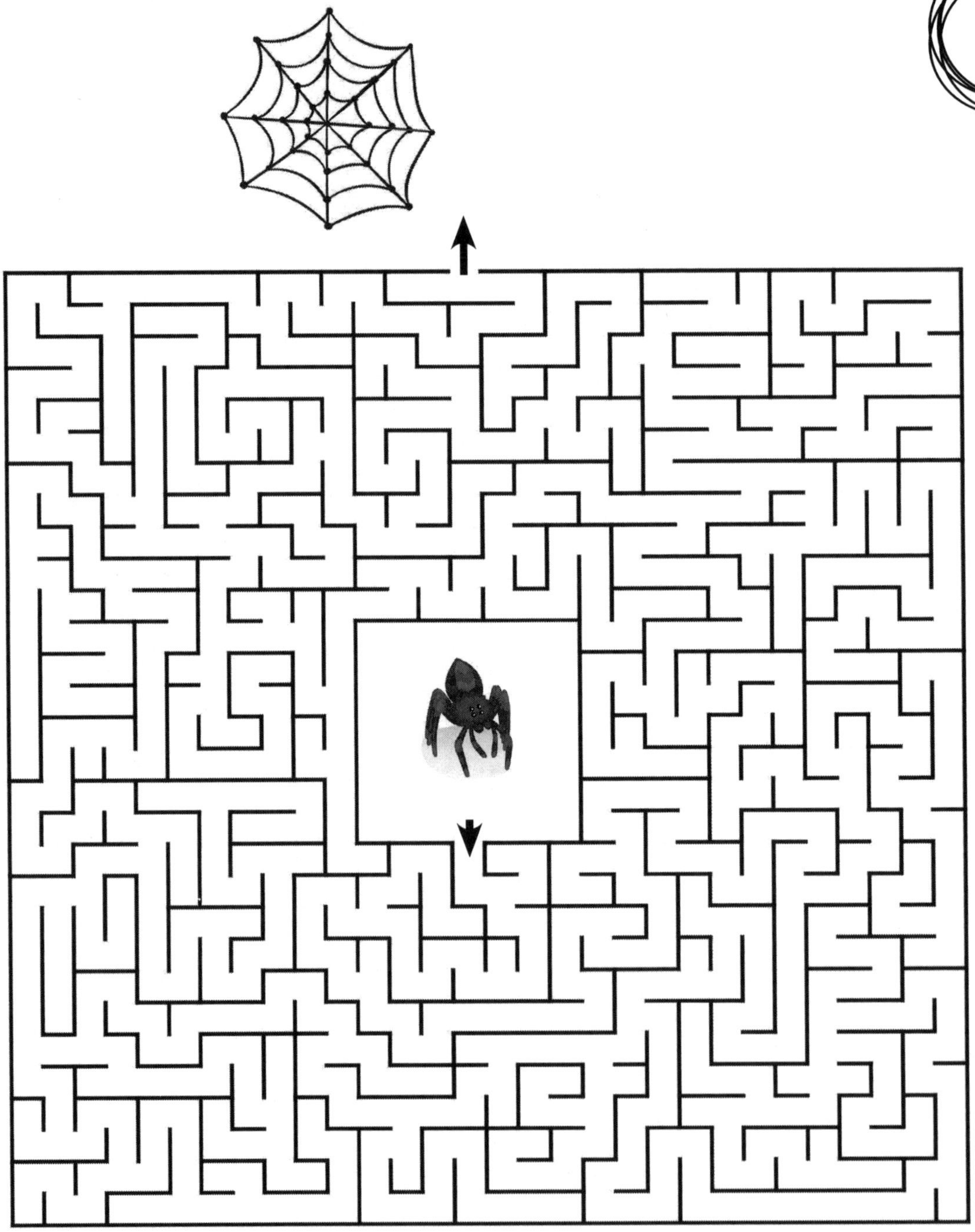

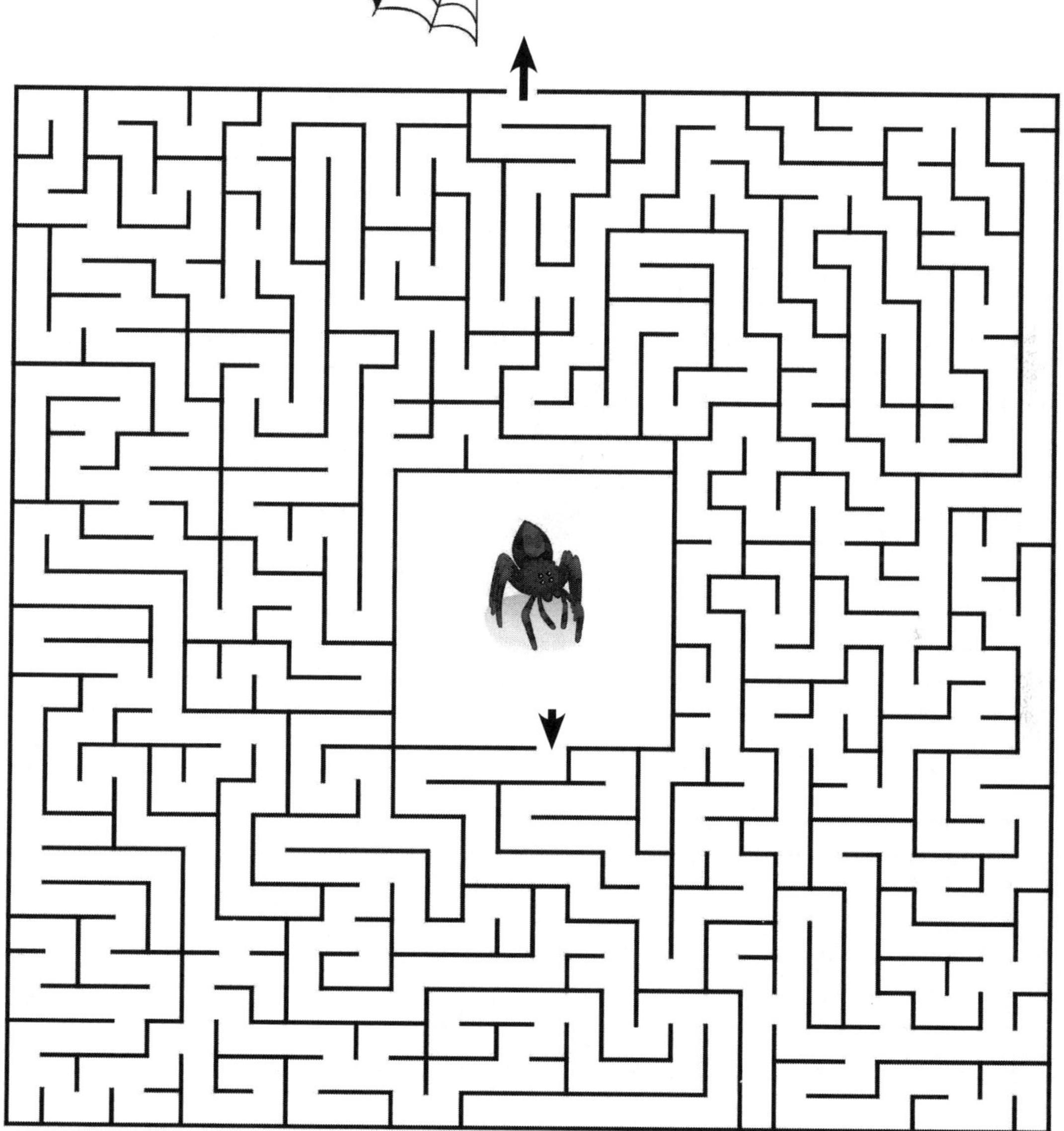

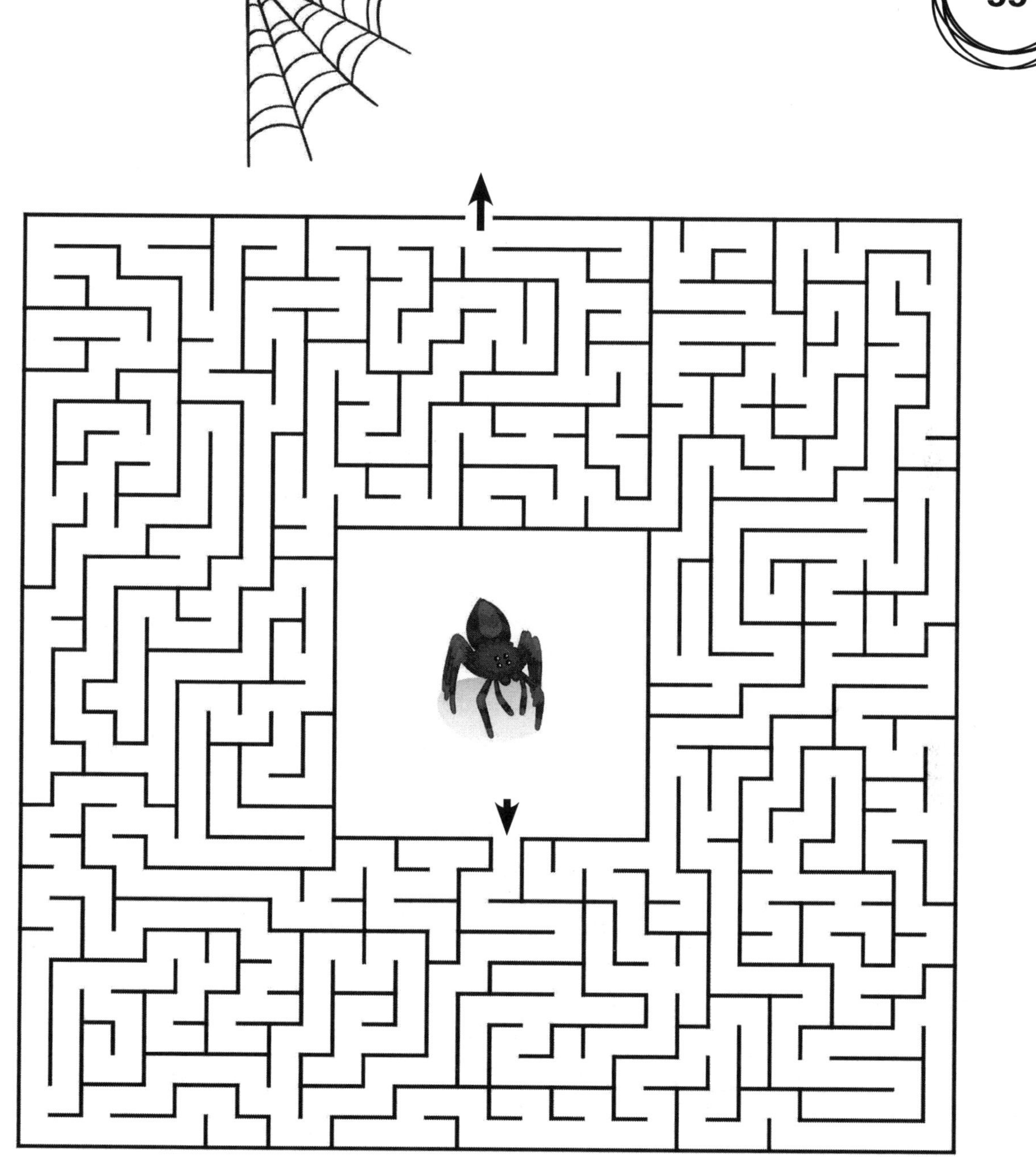

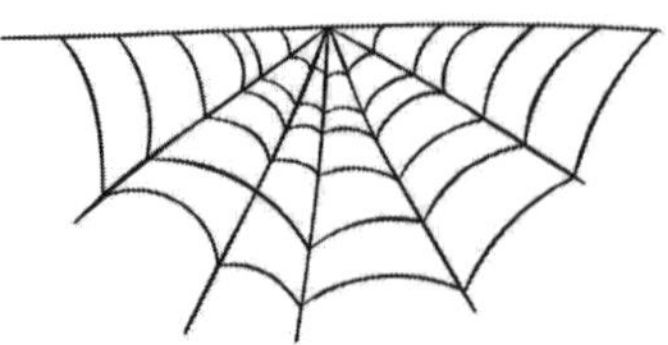

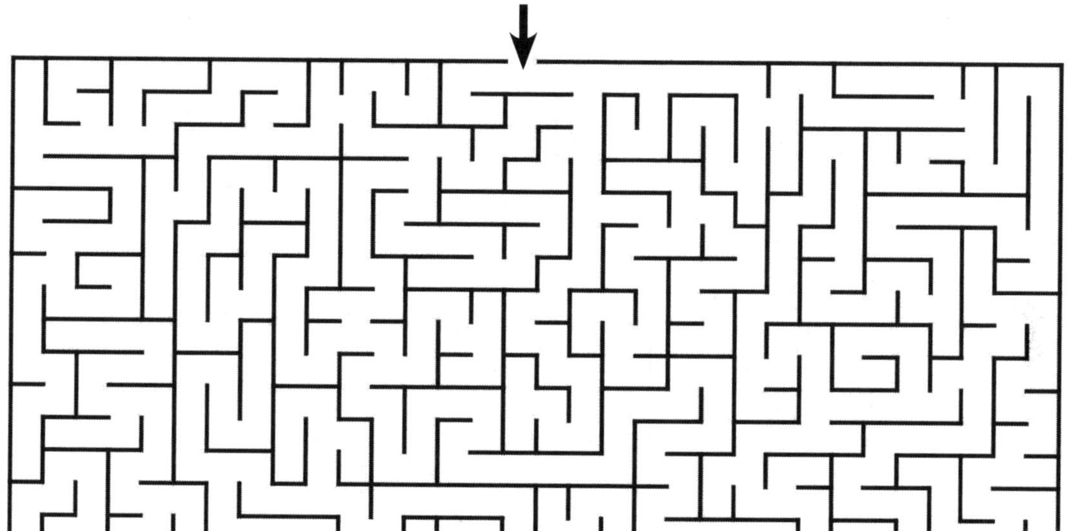

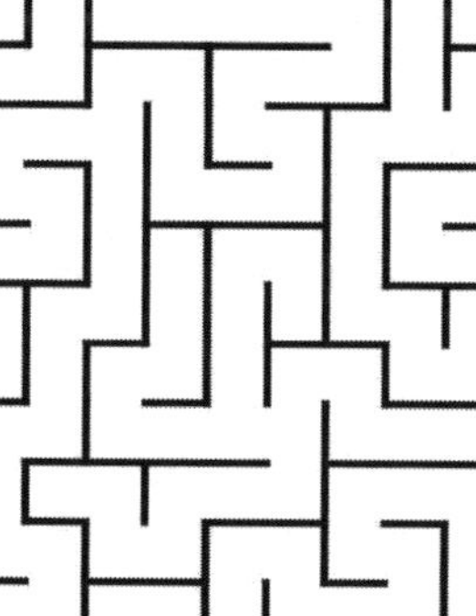

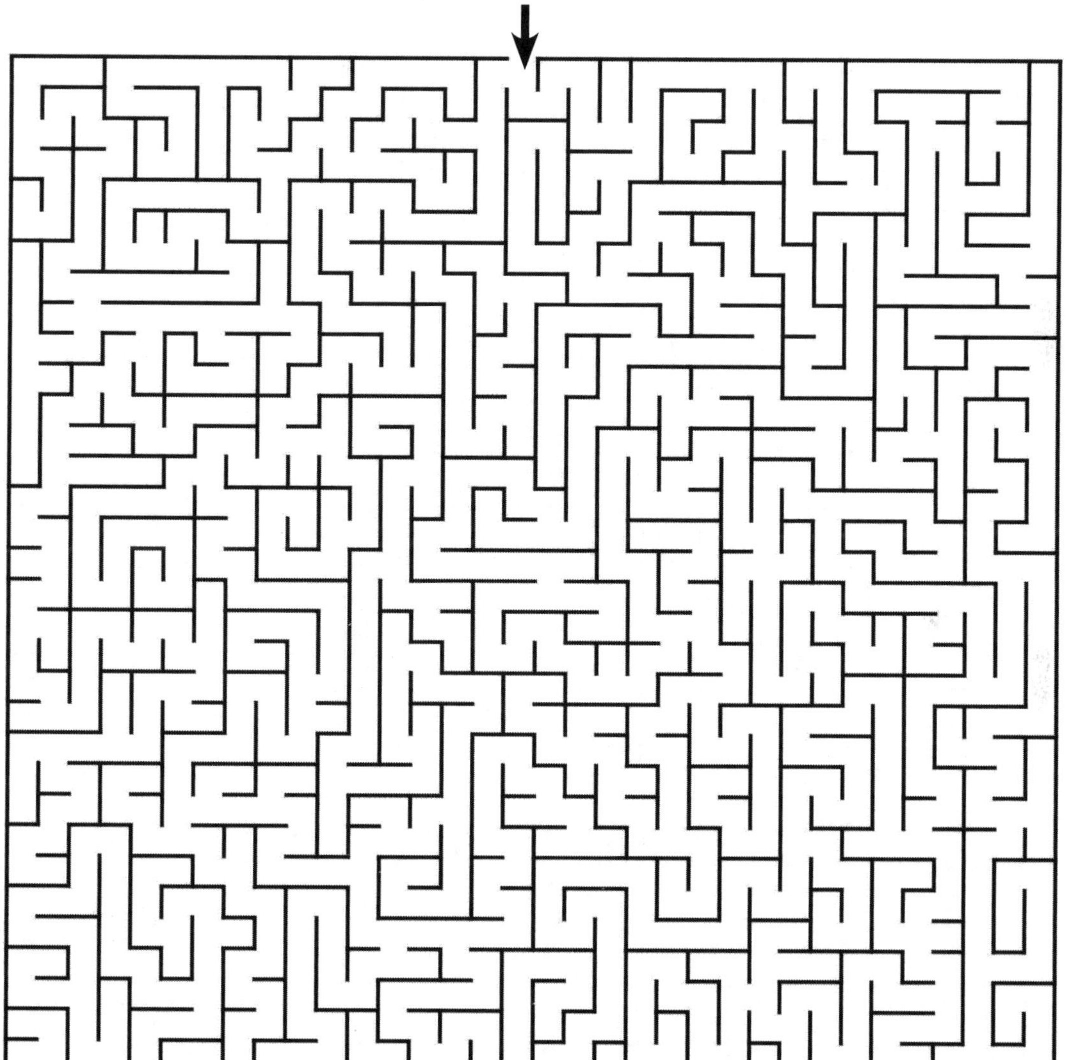

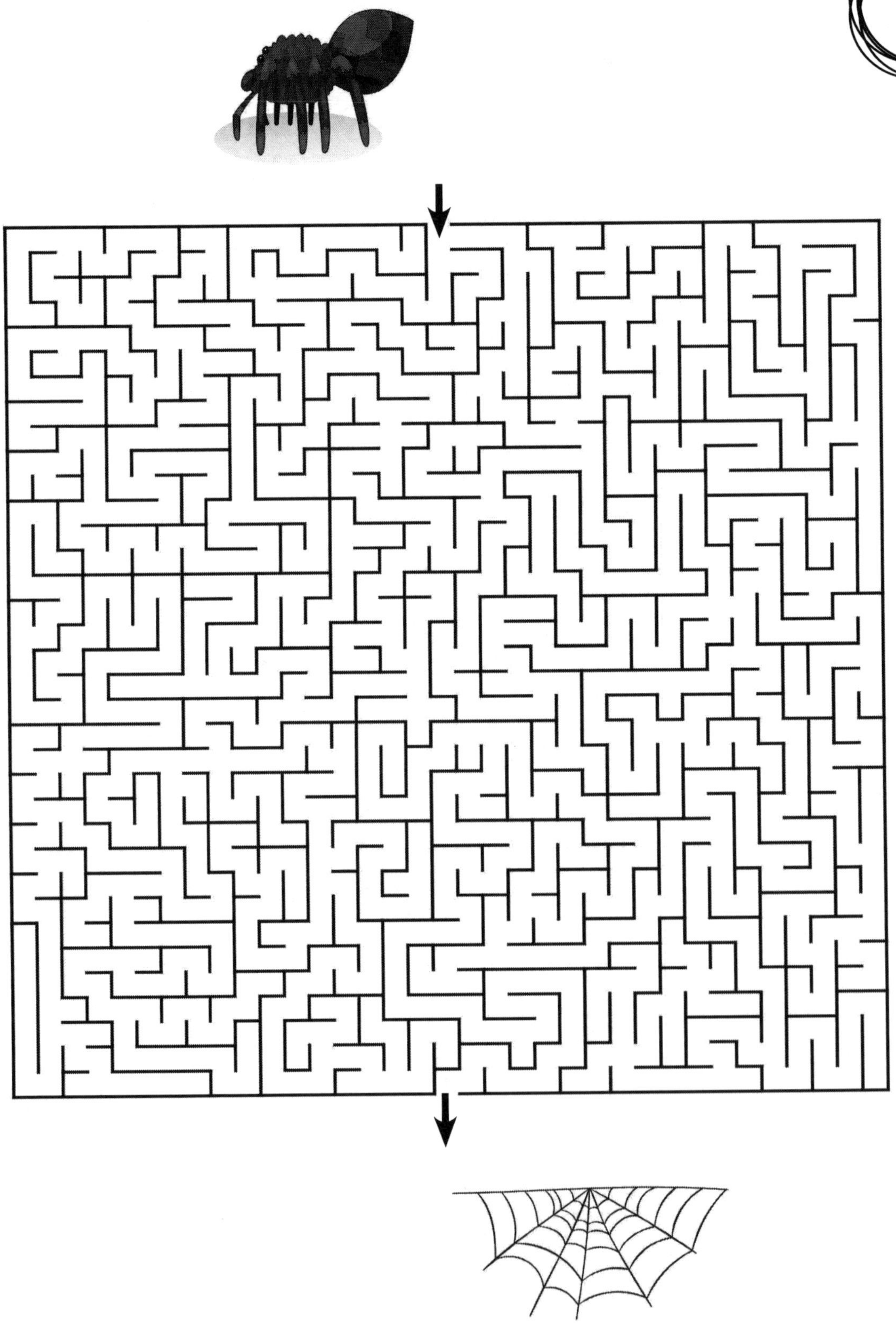

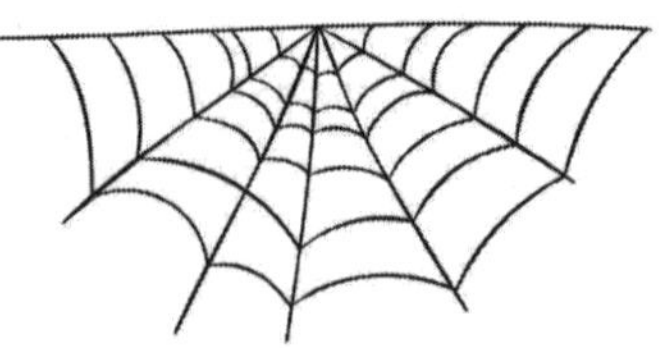

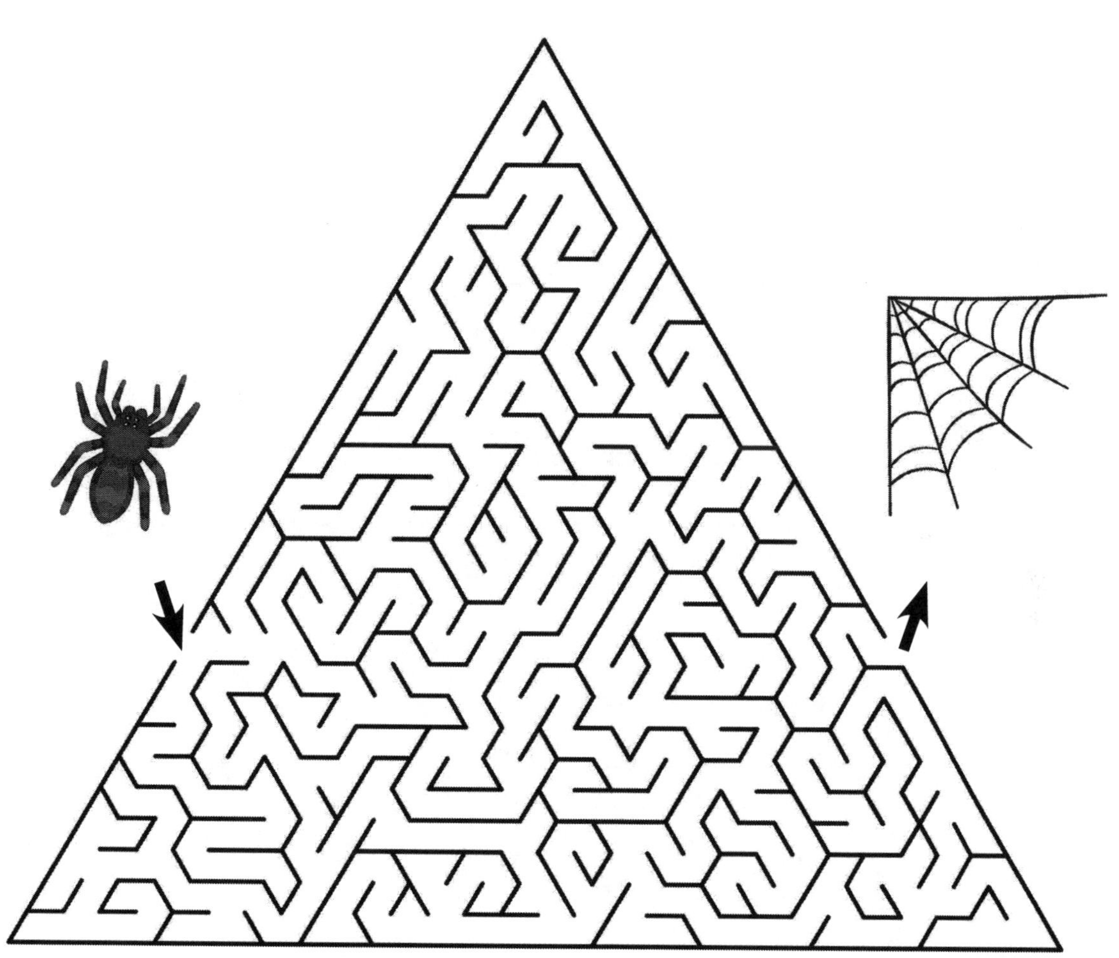

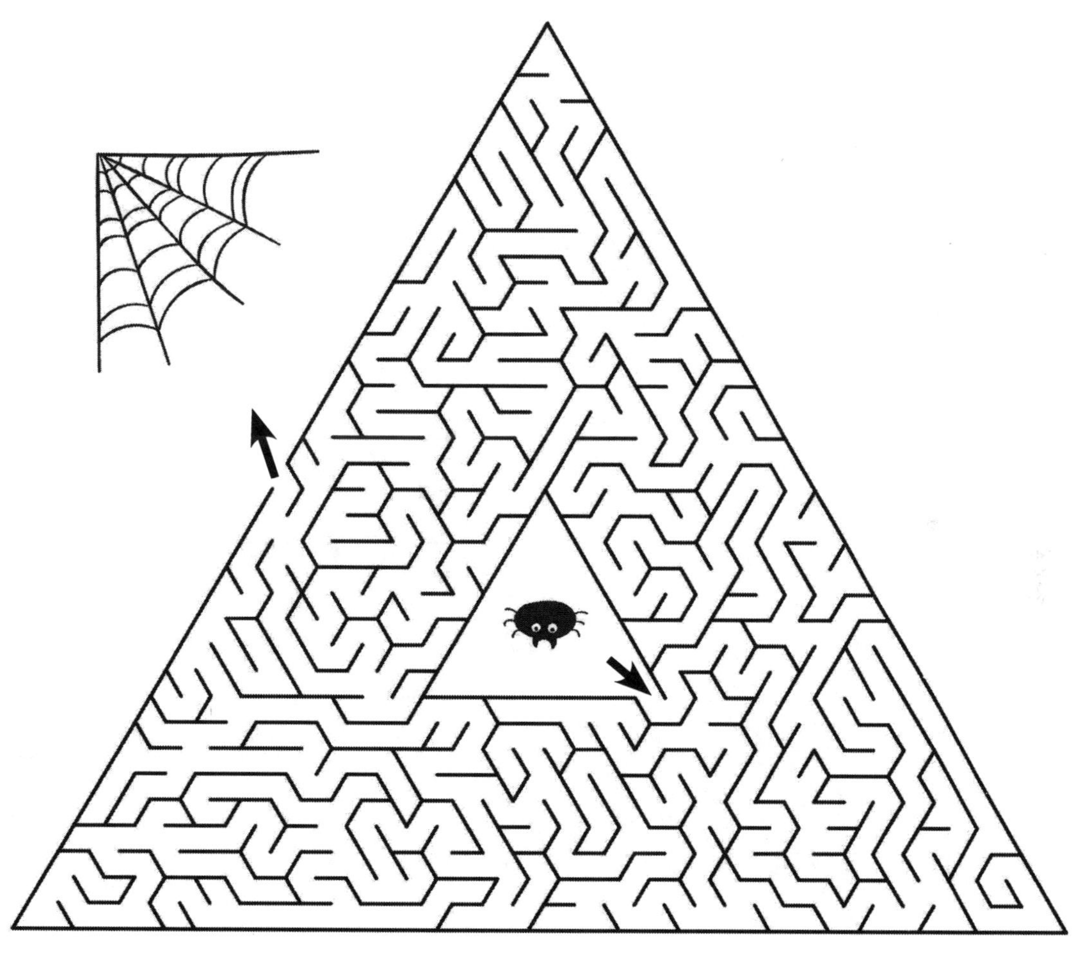

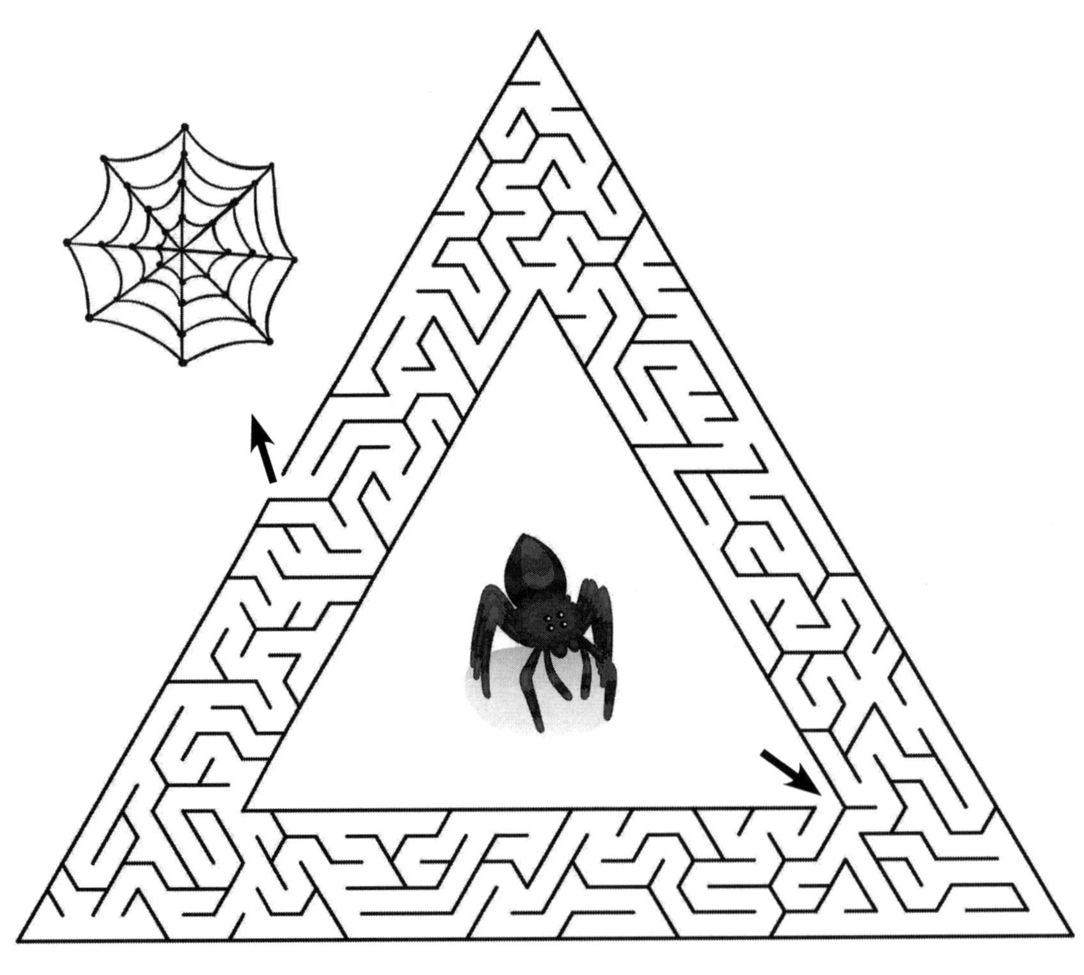

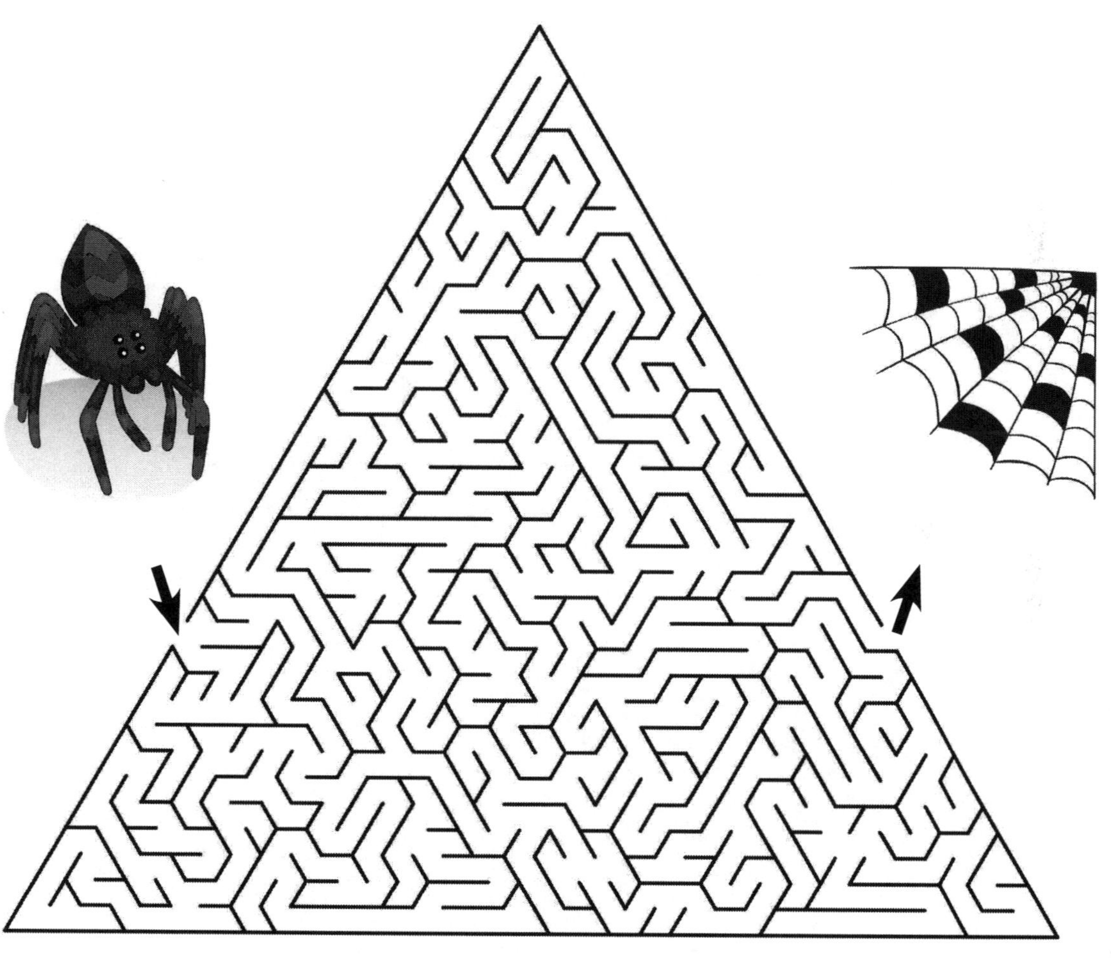

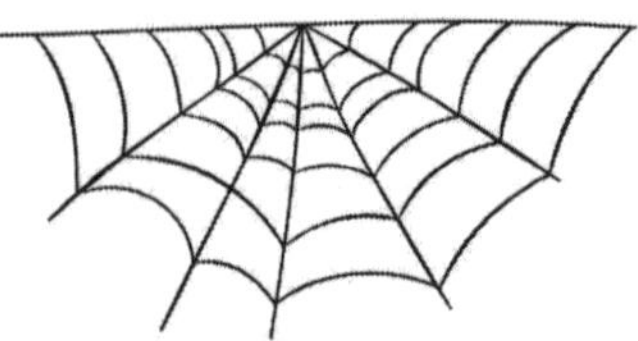

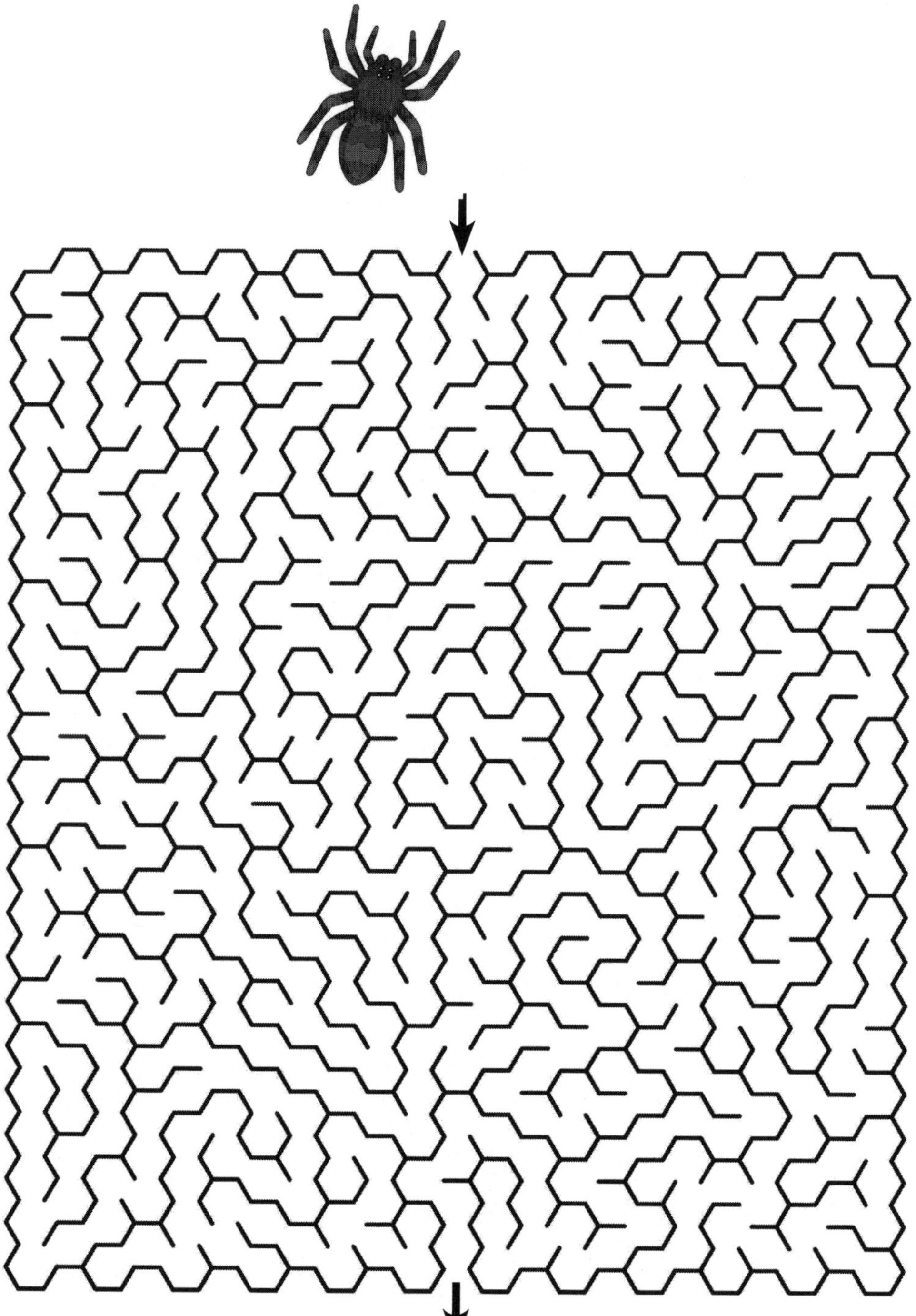

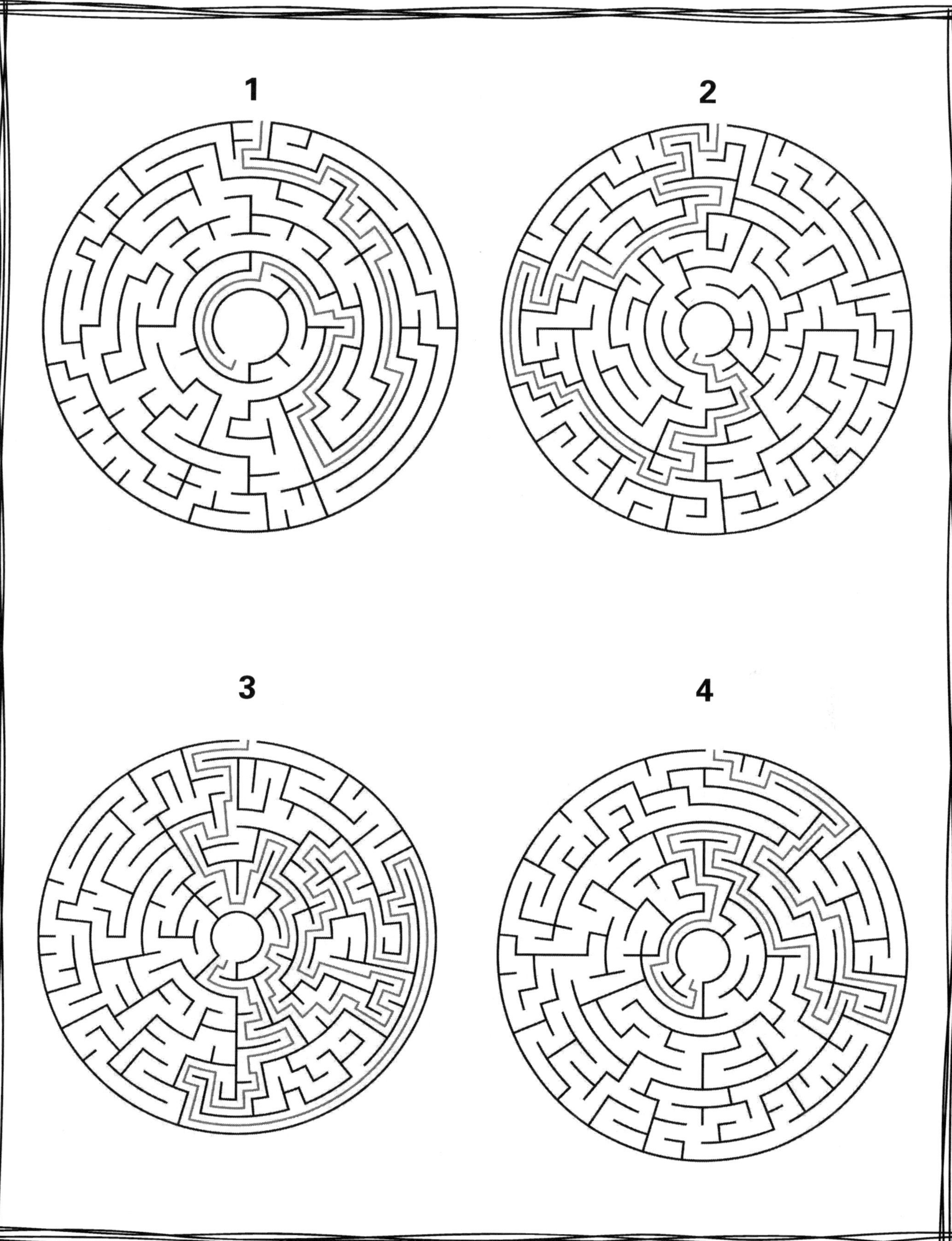

1
2
3
4

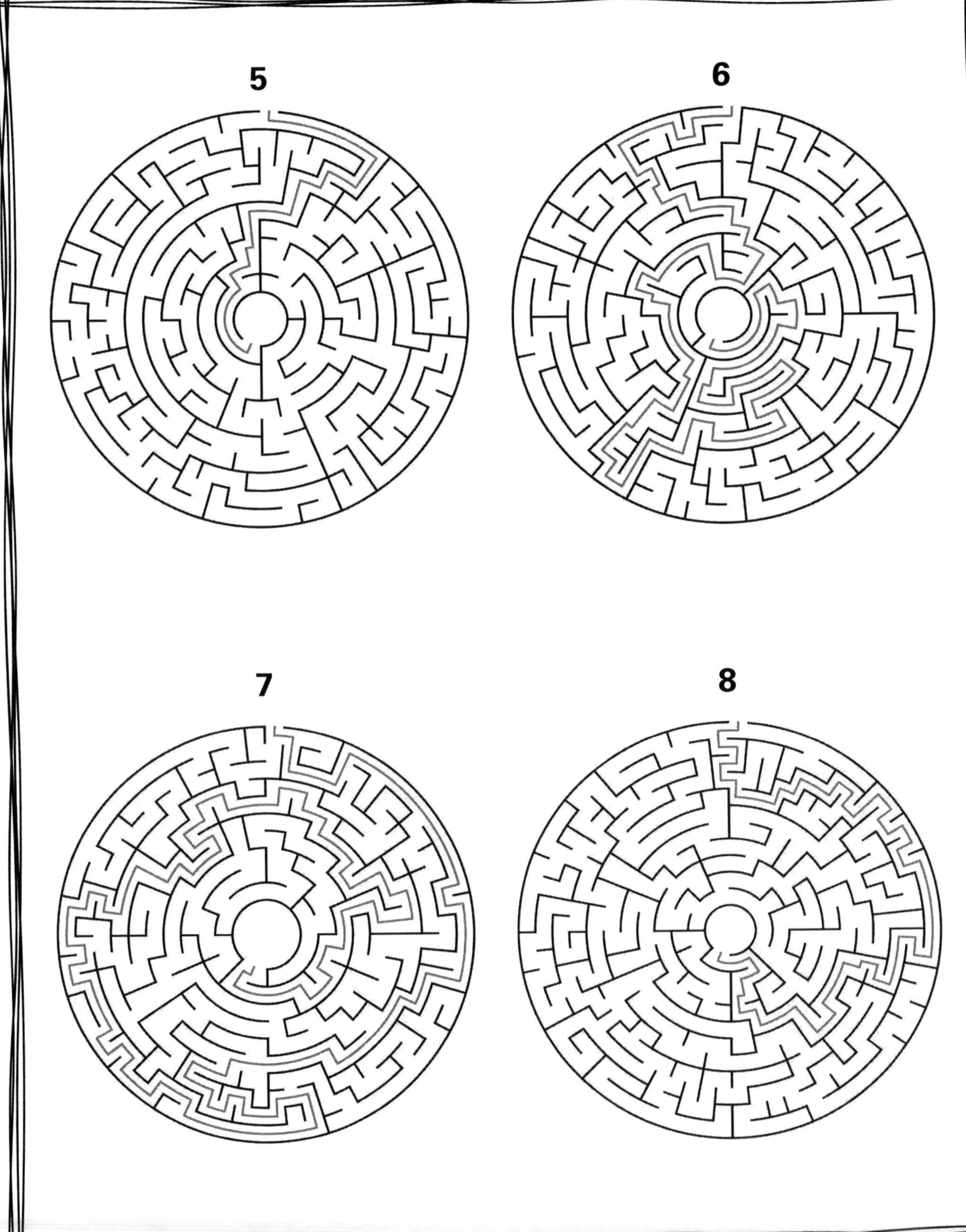
5
6
7
8

9

10

11

12

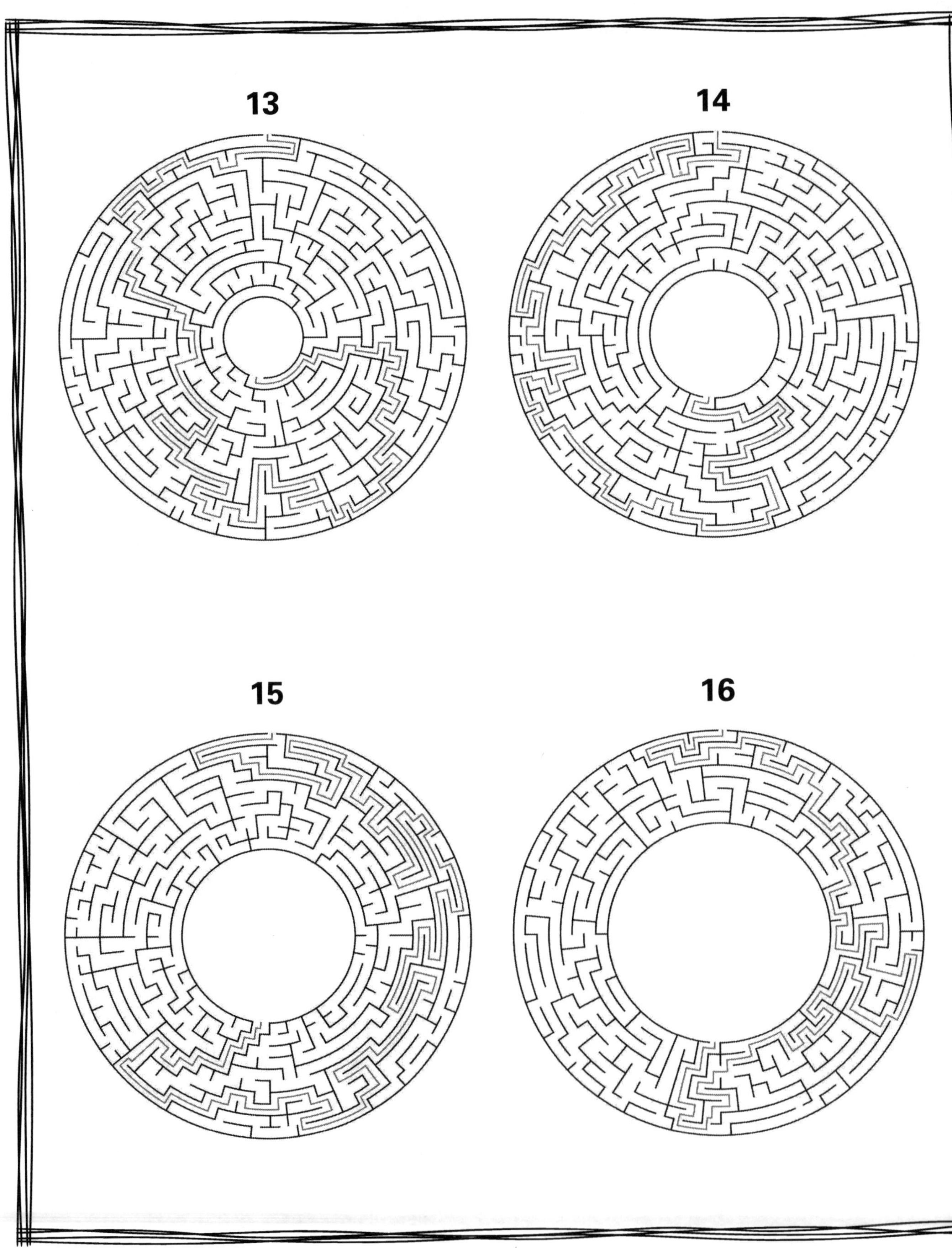

13

14

15

16

17

18

19

20

21

22

23

24

25

26

27

28

29

30

31

32

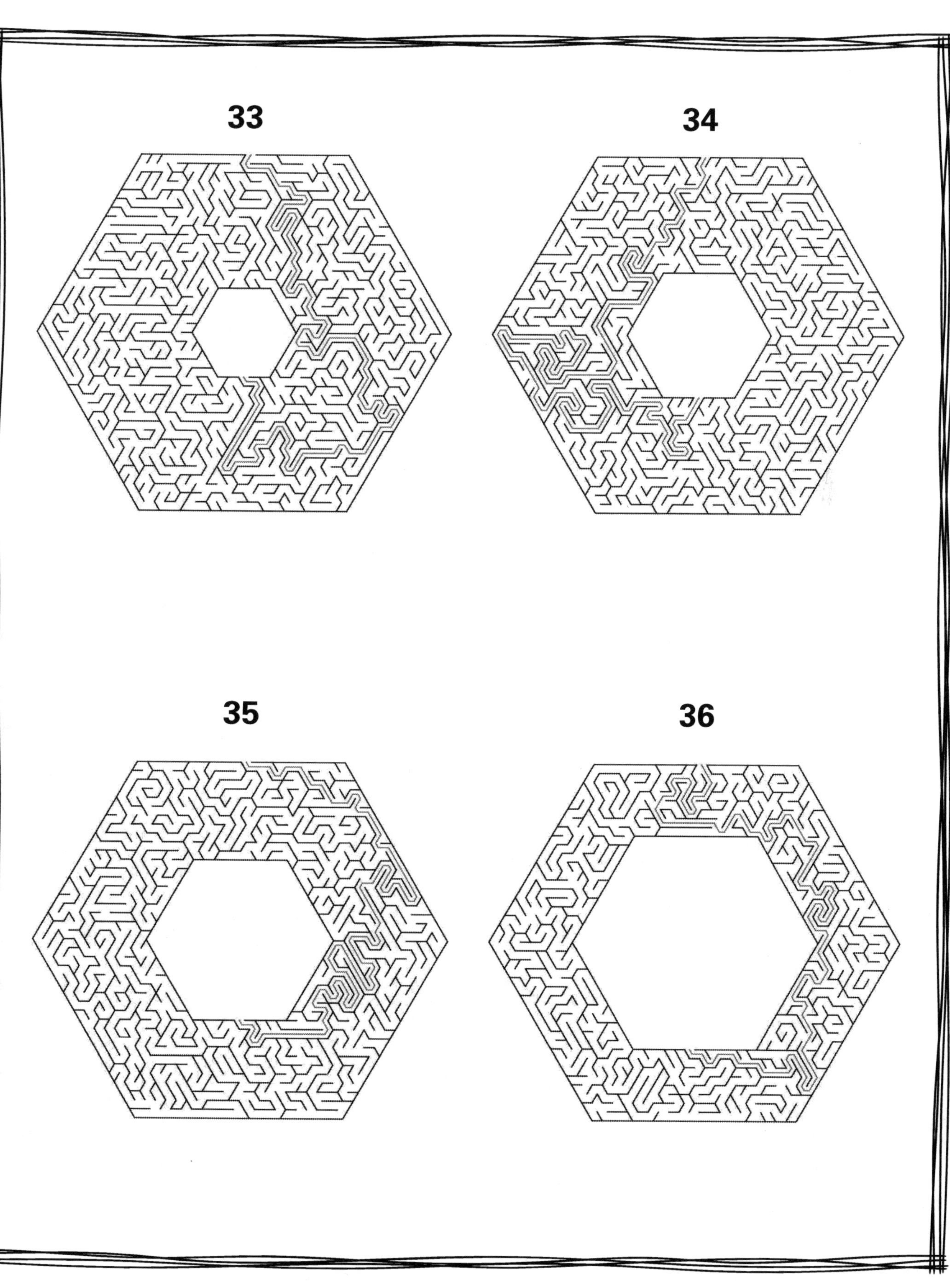

33
34
35
36

37

38

39

40

41

42

43

44

45

46

47

48

49

50

51

52

53

54

55

56

57

58

59

60

61

62

63

64

65

66

67

68

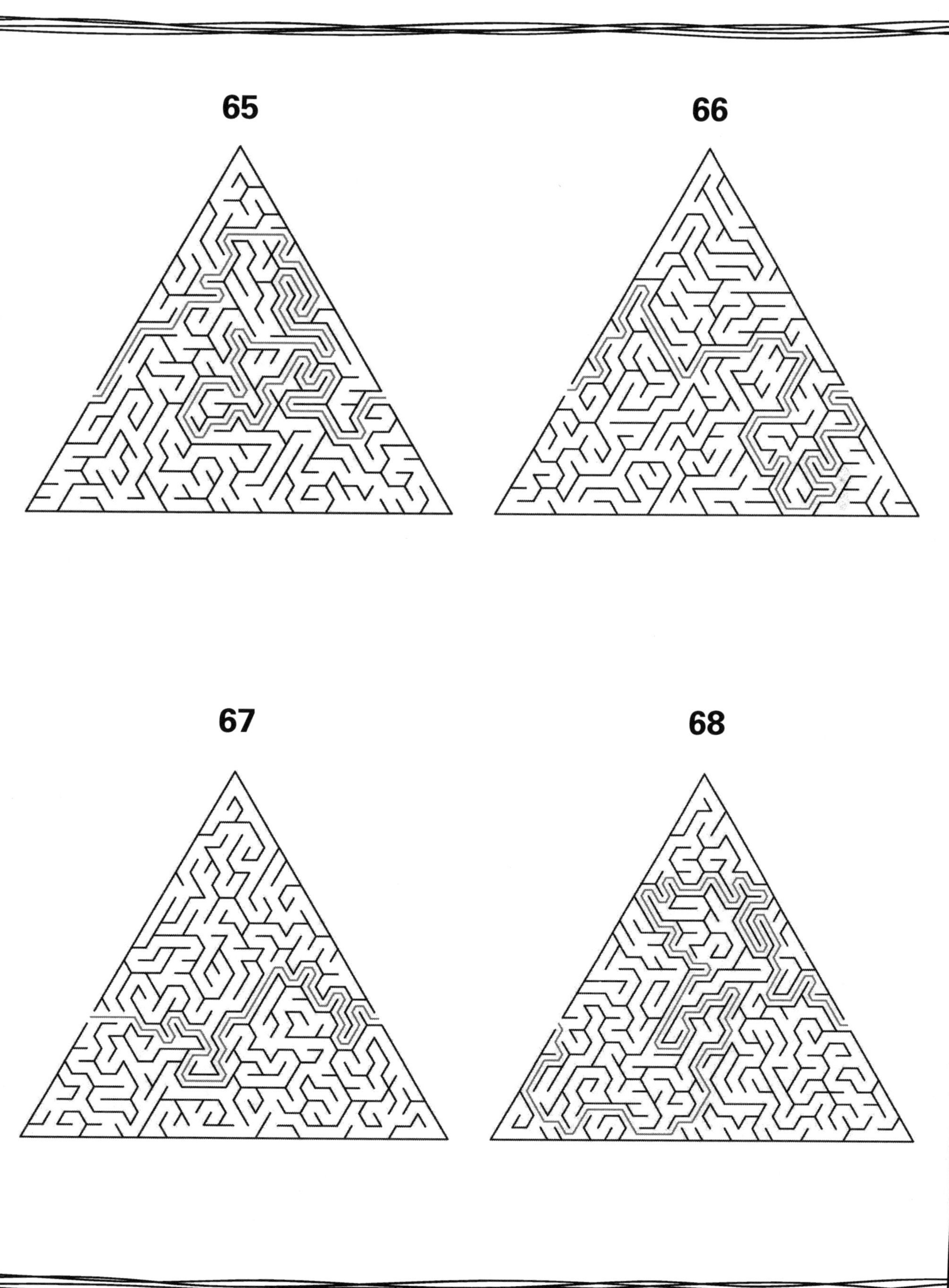

69

70

71

72

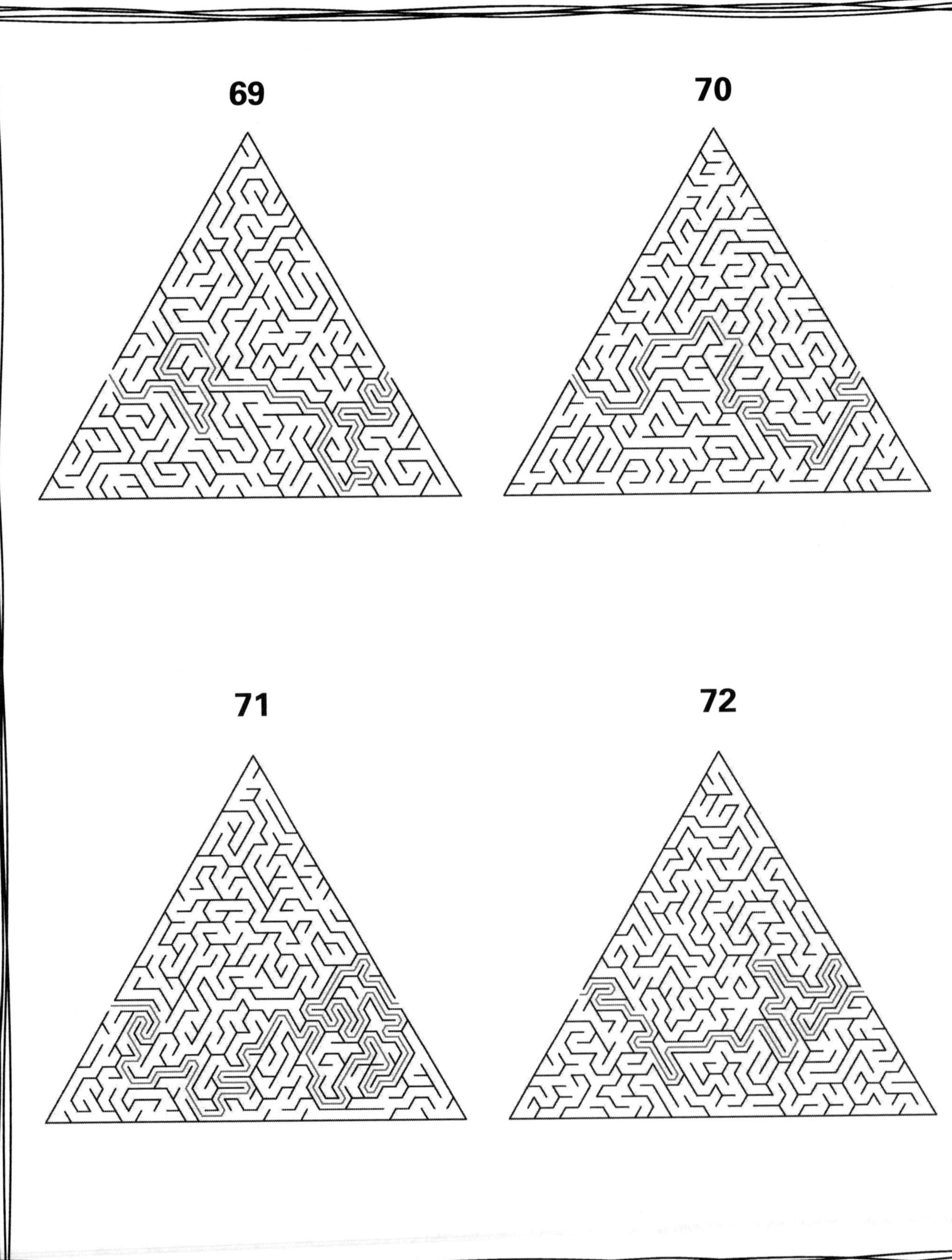

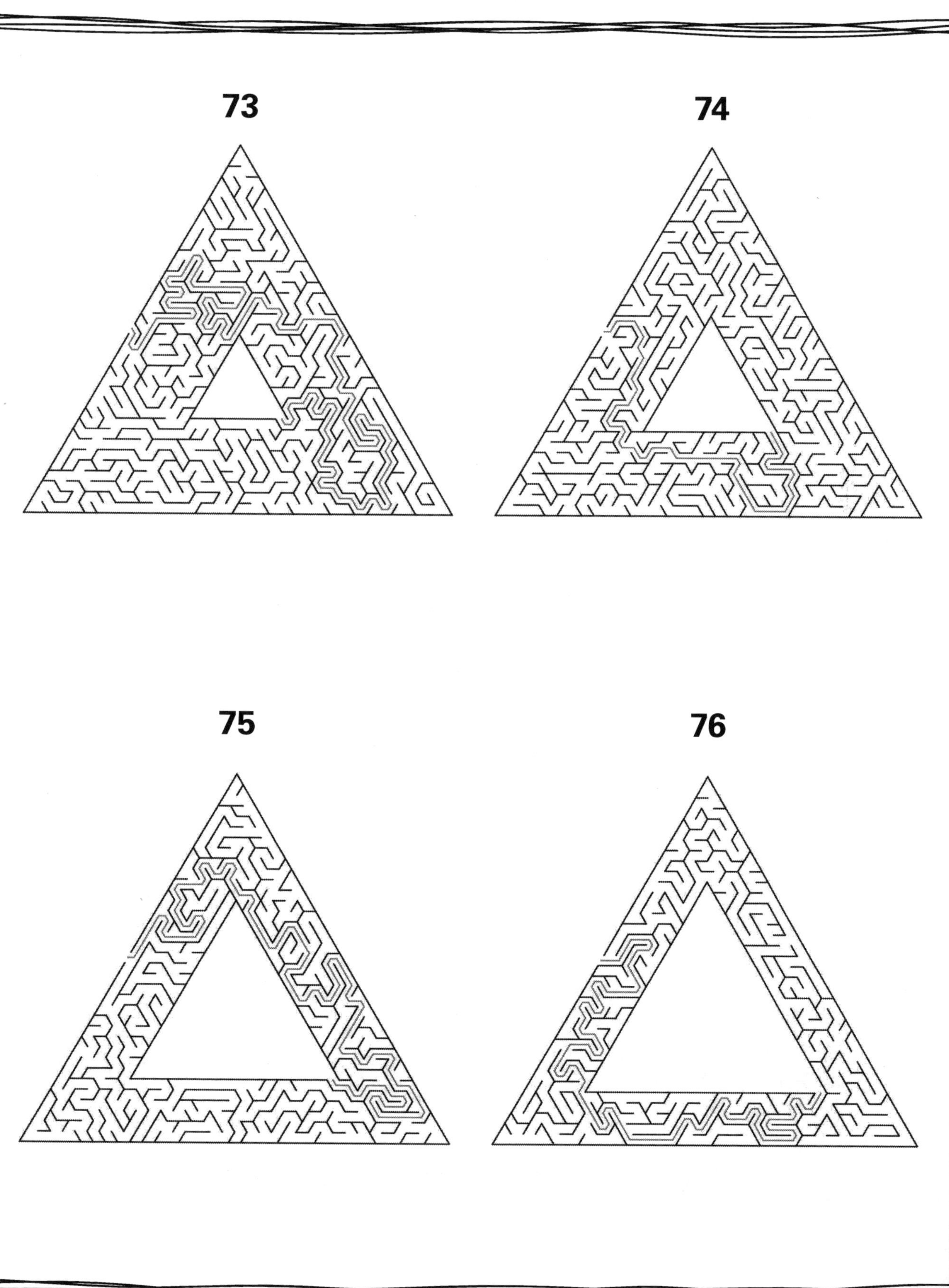
73
74
75
76

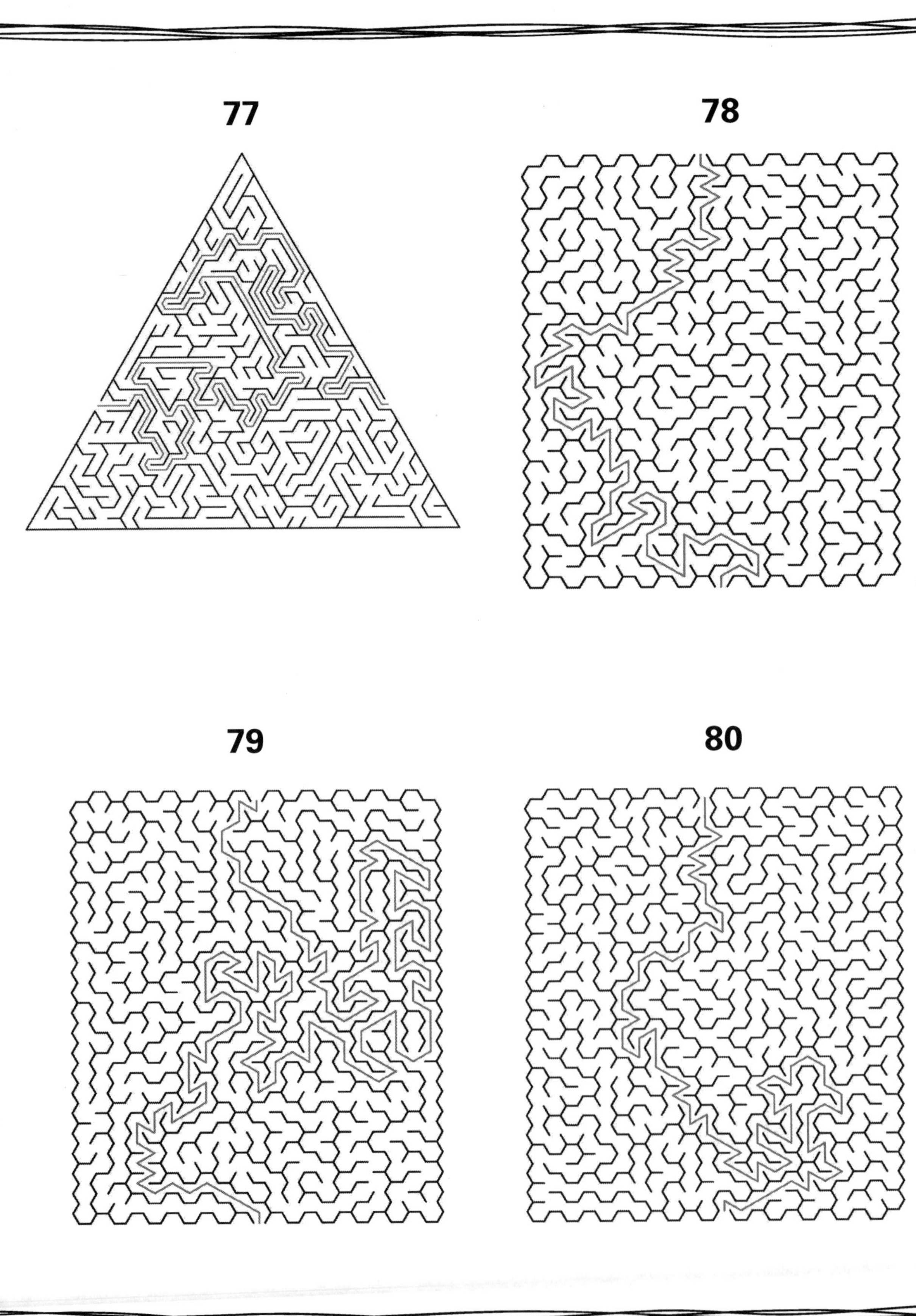

77

78

79

80

81

82

Made in the USA
Monee, IL
07 July 2026

56547370R00059